TRANZLATY

El idioma es para todos

Jezik je za vse

La Bella y la Bestia

Lepotica in Zver

Gabrielle-Suzanne Barbot de Villeneuve

Español / Slovenščina

Copyright © 2025 Tranzlaty
All rights reserved
Published by Tranzlaty
ISBN: 978-1-80572-093-5
Original text by Gabrielle-Suzanne Barbot de Villeneuve
La Belle et la Bête
First published in French in 1740
Taken from The Blue Fairy Book (Andrew Lang)
Illustration by Walter Crane
www.tranzlaty.com

Había una vez un rico comerciante
Nekoč je bil bogat trgovec
Este rico comerciante tuvo seis hijos.
ta bogati trgovec je imel šest otrok
Tenía tres hijos y tres hijas.
imel je tri sinove in tri hčere
No escatimó en gastos para su educación
ni varčeval s stroški za njihovo izobraževanje
Porque era un hombre sensato
ker je bil razumen človek
pero dio a sus hijos muchos siervos
svojim otrokom pa je dal veliko služabnikov
Sus hijas eran extremadamente bonitas
njegove hčere so bile izjemno lepe
Y su hija menor era especialmente bonita.
in njegova najmlajša hči je bila še posebej lepa
Desde niña ya admiraban su belleza
že kot otrok so njeno lepoto občudovali
y la gente la llamaba por su belleza
in ljudje so jo klicali po njeni lepoti
Su belleza no se desvaneció a medida que envejecía.
njena lepota ni zbledela, ko se je starala
Así que la gente seguía llamándola por su belleza.
zato so jo ljudje klicali po njeni lepoti
Esto puso muy celosas a sus hermanas.
zaradi tega so njene sestre zelo ljubosumne
Las dos hijas mayores tenían mucho orgullo.
najstarejši hčerki sta bili zelo ponosni
Su riqueza era la fuente de su orgullo.
njihovo bogastvo je bilo vir njihovega ponosa
y tampoco ocultaron su orgullo
prav tako nista skrivala ponosa
No visitaron a las hijas de otros comerciantes.
drugih trgovskih hčera niso obiskovali
Porque sólo se encuentran con la aristocracia.
ker se srečajo le z aristokracijo

Salían todos los días a fiestas.
vsak dan so hodili na zabave
bailes, obras de teatro, conciertos, etc.
žoge, igre, koncerti itd
y se rieron de su hermana menor
in smejali so se svoji najmlajši sestri
Porque pasaba la mayor parte del tiempo leyendo
ker je večino časa preživela ob branju
Era bien sabido que eran ricos
vedelo se je, da so premožni
Así que varios comerciantes eminentes pidieron su mano.
zato jih je več uglednih trgovcev prosilo za roko
pero dijeron que no se iban a casar
pa sta rekla, da se ne bosta poročila
Pero estaban dispuestos a hacer algunas excepciones.
vendar so bili pripravljeni narediti nekaj izjem
"Quizás podría casarme con un duque"
"Morda bi se lahko poročila z vojvodo"
"Supongo que podría casarme con un conde"
"Mislim, da bi se lahko poročila z Earlom"
Bella agradeció muy civilizadamente a quienes le propusieron matrimonio.
Lepotica se je zelo civilizirano zahvalila tistim, ki so jo zasnubili
Ella les dijo que todavía era demasiado joven para casarse.
rekla jim je, da je še premlada za poroko
Ella quería quedarse unos años más con su padre.
želela je ostati še nekaj let pri očetu
De repente el comerciante perdió su fortuna.
Kar naenkrat je trgovec izgubil bogastvo
Lo perdió todo excepto una pequeña casa de campo.
izgubil je vse razen majhne podeželske hiše
Y con lágrimas en los ojos les dijo a sus hijos:
in svojim otrokom je s solzami v očeh rekel:
"Tenemos que ir al campo"
"moramo iti na podeželje"

"y debemos trabajar para vivir"
"in za preživetje moramo delati"
Las dos hijas mayores no querían abandonar el pueblo.
najstarejši hčerki nista hoteli zapustiti mesta
Tenían varios amantes en la ciudad.
v mestu sta imela več ljubimcev
y estaban seguros de que uno de sus amantes se casaría con ellos
in bili so prepričani, da se bo eden od njihovih ljubimcev poročil z njima
Pensaban que sus amantes se casarían con ellos incluso sin fortuna.
mislili so, da se bodo njihovi ljubimci poročili z njimi tudi brez premoženja
Pero las buenas damas estaban equivocadas.
a dobre dame so se zmotile
Sus amantes los abandonaron muy rápidamente
ljubimci so jih zelo hitro zapustili
porque ya no tenían fortuna
ker niso imeli več bogastva
Esto demostró que en realidad no eran muy queridos.
to je pokazalo, da pravzaprav niso bili preveč všeč
Todos dijeron que no merecían compasión.
vsi so rekli, da si ne zaslužijo pomilovanja
"Nos alegra ver su orgullo humillado"
"veseli smo, da je njihov ponos ponižan"
"Que se sientan orgullosos de ordeñar vacas"
"naj bodo ponosni na krave molze"
Pero estaban preocupados por Bella.
vendar jih je skrbela lepota
Ella era una criatura tan dulce
bila je tako sladko bitje
Ella hablaba tan amablemente a la gente pobre.
tako prijazno je govorila revnim ljudem
Y ella era de una naturaleza tan inocente.
in bila je tako nedolžne narave

Varios caballeros se habrían casado con ella.
Več gospodov bi se poročilo z njo
Se habrían casado con ella aunque fuera pobre
bili bi jo poročili, čeprav je bila revna
pero ella les dijo que no podía casarlos
vendar jim je rekla, da se ne more poročiti z njimi
porque ella no dejaría a su padre
ker ne bi zapustila očeta
Ella estaba decidida a ir con él al campo.
bila je odločena, da gre z njim na podeželje
para que ella pudiera consolarlo y ayudarlo
da bi ga potolažila in mu pomagala
La pobre belleza estaba muy triste al principio.
Uboga lepotica je bila sprva zelo žalostna
Ella estaba afligida por la pérdida de su fortuna.
bila je žalostna zaradi izgube svojega bogastva
"Pero llorar no cambiará mi suerte"
"toda jok ne bo spremenil moje sreče"
"Debo intentar ser feliz sin riquezas"
"Moram se poskušati osrečiti brez bogastva"
Llegaron a su casa de campo
prišli so v svojo podeželsko hišo
y el comerciante y sus tres hijos se dedicaron a la agricultura
in trgovec in njegovi trije sinovi so se posvetili živinoreji
Bella se levantó a las cuatro de la mañana.
lepotica je vstala ob štirih zjutraj
y se apresuró a limpiar la casa
in je hitela pospravljat hišo
y se aseguró de que la cena estuviera lista
in poskrbela je, da je bila večerja pripravljena
Al principio encontró su nueva vida muy difícil.
na začetku se ji je novo življenje zdelo zelo težko
porque no estaba acostumbrada a ese tipo de trabajo
ker ni bila vajena takega dela
Pero en menos de dos meses se hizo más fuerte.
a v manj kot dveh mesecih se je okrepila

Y ella estaba más sana que nunca.
in bila je bolj zdrava kot kdaj koli prej
Después de haber hecho su trabajo, leyó
ko je opravila svoje delo, je brala
Ella tocaba el clavicémbalo
igrala je na čembalo
o cantaba mientras hilaba seda
ali pa je pela, ko je sukala svilo
Por el contrario, sus dos hermanas no sabían cómo pasar el tiempo.
nasprotno, njeni dve sestri nista znali preživljati časa
Se levantaron a las diez y no hicieron nada más que holgazanear todo el día.
vstajali so ob desetih in ves dan počeli samo lenarjenje
Lamentaron la pérdida de sus hermosas ropas.
objokovali so izgubo svojih lepih oblačil
y se quejaron de perder a sus conocidos
in pritoževali so se, da so izgubili poznanstva
"Mirad a nuestra hermana menor", se dijeron.
»Poglej si našo najmlajšo sestro,« sta si rekla
"¡Qué criatura tan pobre y estúpida es!"
"kako ubogo in neumno bitje je"
"Es mezquino contentarse con tan poco"
"podlo je biti zadovoljen s tako malo"
El amable comerciante tenía una opinión muy diferente.
prijazni trgovec je bil povsem drugačnega mnenja
Él sabía muy bien que Bella eclipsaba a sus hermanas.
dobro je vedel, da lepota prekaša njene sestre
Ella los eclipsó tanto en carácter como en mente.
zasenčila jih je tako po značaju kot po umu
Él admiraba su humildad y su arduo trabajo.
občudoval je njeno poniznost in trdo delo
Pero sobre todo admiraba su paciencia.
najbolj pa je občudoval njeno potrpežljivost
Sus hermanas le dejaron todo el trabajo por hacer.
njene sestre so ji prepustile vse delo

y la insultaban a cada momento
in vsak trenutek so jo žalili
La familia había vivido así durante aproximadamente un año.
Družina je tako živela približno eno leto
Entonces el comerciante recibió una carta de un contable.
potem je trgovec dobil pismo od računovodje
Tenía una inversión en un barco.
imel je naložbo v ladjo
y el barco había llegado sano y salvo
in ladja je varno prispela
Esta noticia hizo que las dos hijas mayores se volvieran locas.
novica je obrnila glavo najstarejšima hčerkama
Inmediatamente tuvieron esperanzas de regresar a la ciudad.
takoj so imeli upanje, da se vrnejo v mesto
Porque estaban bastante cansados de la vida en el campo.
ker so bili precej utrujeni od podeželskega življenja
Fueron a ver a su padre cuando él se iba.
šli so k očetu, ko je odhajal
Le rogaron que les comprara ropa nueva
prosili so ga, naj jim kupi nova oblačila
Vestidos, cintas y todo tipo de cositas.
obleke, trakovi in vse mogoče malenkosti
Pero Bella no pedía nada.
a lepota ni zahtevala ničesar
Porque pensó que el dinero no sería suficiente.
ker je mislila, da denarja ne bo dovolj
No habría suficiente para comprar todo lo que sus hermanas querían.
ne bi bilo dovolj, da bi kupila vse, kar so želele njene sestre
- ¿Qué te gustaría, Bella? -preguntó su padre.
"Kaj bi rada, lepotica?" je vprašal oče
"Gracias, padre, por la bondad de pensar en mí", dijo.
"hvala, oče, za dobroto, da misliš name," je rekla
"Padre, ten la amabilidad de traerme una rosa"

"oče, bodi tako prijazen in mi prinesi vrtnico"
"Porque aquí en el jardín no crecen rosas"
"ker tu na vrtu ne rastejo vrtnice"
"y las rosas son una especie de rareza"
"in vrtnice so nekakšna redkost"
A Bella realmente no le importaban las rosas
lepotici ni bilo mar za vrtnice
Ella solo pidió algo para no condenar a sus hermanas.
prosila je samo za nekaj, da ne bi obsojala svojih sester
Pero sus hermanas pensaron que ella pidió rosas por otros motivos.
njene sestre pa so mislile, da je prosila za vrtnice iz drugih razlogov
"Lo hizo sólo para parecer especial"
"to je naredila samo zato, da bi izgledala posebno"
El hombre amable continuó su viaje.
Prijazen mož je šel na pot
pero cuando llego discutieron sobre la mercancia
a ko je prišel, sta se prepirala glede blaga
Y después de muchos problemas volvió tan pobre como antes.
in po mnogih težavah se je vrnil tako reven kot prej
Estaba a un par de horas de su propia casa.
bil je v nekaj urah od svoje hiše
y ya imaginaba la alegría de ver a sus hijos
in že si je predstavljal veselje, ko vidi svoje otroke
pero al pasar por el bosque se perdió
ko pa je šel skozi gozd se je izgubil
Llovió y nevó terriblemente
strašno je deževalo in snežilo
El viento era tan fuerte que lo arrojó del caballo.
veter je bil tako močan, da ga je vrglo s konja
Y la noche se acercaba rápidamente
in hitro je prihajala noč
Empezó a pensar que podría morir de hambre.
začel je razmišljati, da bi lahko stradal

y pensó que podría morir congelado
in mislil je, da bi lahko zmrznil do smrti
y pensó que los lobos podrían comérselo
in mislil je, da ga lahko volkovi pojedo
Los lobos que oía aullar a su alrededor
volkove, ki jih je slišal tuliti povsod okoli sebe
Pero de repente vio una luz.
a kar naenkrat je zagledal luč
Vio la luz a lo lejos entre los árboles.
videl je luč na daleč skozi drevje
Cuando se acercó vio que la luz era un palacio.
ko je prišel bliže, je videl, da je bila luč palača
El palacio estaba iluminado de arriba a abajo.
palača je bila osvetljena od zgoraj navzdol
El comerciante agradeció a Dios por su suerte.
trgovec se je zahvalil bogu za svojo srečo
y se apresuró a ir al palacio
in pohitel je v palačo
Pero se sorprendió al no ver gente en el palacio.
vendar je bil presenečen, da v palači ni videl ljudi
El patio estaba completamente vacío.
dvorišče je bilo popolnoma prazno
y no había señales de vida en ninguna parte
in nikjer ni bilo znakov življenja
Su caballo lo siguió hasta el palacio.
njegov konj mu je sledil v palačo
y luego su caballo encontró un gran establo
in potem je njegov konj našel velik hlev
El pobre animal estaba casi muerto de hambre.
uboga žival je bila skoraj lačna
Entonces su caballo fue a buscar heno y avena.
zato je njegov konj šel noter iskat seno in oves
Afortunadamente encontró mucho para comer.
na srečo je našel veliko hrane
y el mercader ató su caballo al pesebre
in trgovec je svojega konja privezal k jasli

Caminando hacia la casa no vio a nadie.
Ko je hodil proti hiši, ni videl nikogar
Pero en un gran salón encontró un buen fuego.
a v veliki dvorani je našel dober ogenj
y encontró una mesa puesta para uno
in našel je pogrnjeno mizo za enega
Estaba mojado por la lluvia y la nieve.
bil je moker od dežja in snega
Entonces se acercó al fuego para secarse.
zato se je približal ognju, da bi se posušil
"Espero que el dueño de la casa me disculpe"
"Upam, da mi bo gospodar hiše opravičil"
"Supongo que no tardará mucho en aparecer alguien"
"Mislim, da ne bo trajalo dolgo, da se nekdo pojavi"
Esperó un tiempo considerable
Čakal je precej časa
Esperó hasta que dieron las once y todavía no venía nadie.
čakal je, dokler ni odbilo enajst, pa še vedno nihče ni prišel
Al final tenía tanta hambre que no podía esperar más.
končno je bil tako lačen, da ni mogel več čakati
Tomó un poco de pollo y se lo comió en dos bocados.
vzel je nekaj piščanca in ga pojedel v dveh ustih
Estaba temblando mientras comía la comida.
med jedjo hrane se je tresel
Después de esto bebió unas copas de vino.
po tem je spil nekaj kozarcev vina
Cada vez más valiente, salió del salón.
vedno bolj pogumen je odšel iz dvorane
y atravesó varios grandes salones
in prečkal je več velikih dvoran
Caminó por el palacio hasta llegar a una cámara.
hodil je skozi palačo, dokler ni prišel v sobo
Una habitación que tenía una cama muy buena.
komora, v kateri je bila nadvse dobra postelja
Estaba muy fatigado por su terrible experiencia.
bil je zelo utrujen od svoje preizkušnje

Y ya era pasada la medianoche
in ura je bila že čez polnoč
Entonces decidió que era mejor cerrar la puerta.
zato se je odločil, da je najbolje, da zapre vrata
y concluyó que debía irse a la cama
in sklenil je, da bi moral iti spat
Eran las diez de la mañana cuando el comerciante se despertó.
Ura je bila deset zjutraj, ko se je trgovec zbudil
Justo cuando iba a levantarse vio algo
ravno ko je hotel vstati, je nekaj zagledal
Se sorprendió al ver un conjunto de ropa limpia.
bil je presenečen, ko je videl čist komplet oblačil
En el lugar donde había dejado su ropa sucia.
na mestu, kjer je pustil svoja umazana oblačila
"Seguramente este palacio pertenece a algún tipo de hada"
"gotovo ta palača pripada kakšni vili"
" Un hada que me ha visto y se ha compadecido de mí"
" vila , ki me je videla in se mi smilila"
Miró por una ventana
pogledal je skozi okno
Pero en lugar de nieve vio el jardín más delicioso.
a namesto snega je zagledal najčudovitejši vrt
Y en el jardín estaban las rosas más hermosas.
in na vrtu so bile najlepše vrtnice
Luego regresó al gran salón.
nato se je vrnil v veliko dvorano
El salón donde había tomado sopa la noche anterior.
dvorano, kjer je prejšnji večer jedel juho
y encontró un poco de chocolate en una mesita
in našel je nekaj čokolade na mizici
"Gracias, buena señora hada", dijo en voz alta.
»Hvala, dobra gospa vila,« je rekel na glas
"Gracias por ser tan cariñoso"
"hvala, ker ste tako skrbni"
"Le estoy sumamente agradecido por todos sus favores"

"Izredno sem vam hvaležen za vse vaše usluge"
El hombre amable bebió su chocolate.
prijazni moški je spil svojo čokolado
y luego fue a buscar su caballo
potem pa je šel iskat svojega konja
Pero en el jardín recordó la petición de Bella.
a na vrtu se je spomnil lepotičine prošnje
y cortó una rama de rosas
in odrezal je vejo vrtnic
Inmediatamente oyó un gran ruido
takoj je zaslišal velik hrup
y vio una bestia terriblemente espantosa
in zagledal je strašno strašno zver
Estaba tan asustado que estaba a punto de desmayarse.
bil je tako prestrašen, da je bil pripravljen omedleti
-Eres muy desagradecido -le dijo la bestia.
»Zelo si nehvaležen,« mu je rekla zver
Y la bestia habló con voz terrible
in zver je spregovorila s strašnim glasom
"Te he salvado la vida al permitirte entrar en mi castillo"
"Rešil sem ti življenje, ko sem te spustil v svoj grad"
"¿Y a cambio me robas mis rosas?"
"in za to mi v zameno ukradeš vrtnice?"
"Las rosas que valoro más que nada"
"Vrtnice, ki jih cenim več kot vse"
"Pero morirás por lo que has hecho"
"ampak umrl boš za to, kar si naredil"
"Sólo te doy un cuarto de hora para que te prepares"
"Dajem ti samo četrt ure, da se pripraviš"
"Prepárate para la muerte y di tus oraciones"
"pripravite se na smrt in molite"
El comerciante cayó de rodillas
trgovec je padel na kolena
y alzó ambas manos
in je dvignil obe roki
"Mi señor, le ruego que me perdone"

"Moj gospod, rotim te, da mi odpustiš"
"No tuve intención de ofenderte"
"Nisem te imel namena užaliti"
"Recogí una rosa para una de mis hijas"
"Nabrala sem vrtnico za eno od svojih hčera"
"Ella me pidió que le trajera una rosa"
"prosila me je, naj ji prinesem vrtnico"
-No soy tu señor, pero soy una bestia -respondió el monstruo.
"Nisem tvoj gospodar, sem pa zver," je odgovorila pošast
"No me gustan los cumplidos"
"Ne maram komplimentov"
"Me gusta la gente que habla como piensa"
"Rad imam ljudi, ki govorijo, kot mislijo"
"No creas que me puedo conmover con halagos"
"ne predstavljajte si, da me lahko gane laskanje"
"Pero dices que tienes hijas"
"A pravite, da imate hčere"
"Te perdonaré con una condición"
"Odpustil ti bom pod enim pogojem"
"Una de tus hijas debe venir voluntariamente a mi palacio"
"ena od tvojih hčera mora prostovoljno priti v mojo palačo"
"y ella debe sufrir por ti"
"in ona mora trpeti zate"
"Déjame tener tu palabra"
"Pustite mi besedo"
"Y luego podrás continuar con tus asuntos"
"in potem lahko nadaljuješ s svojim poslom"
"Prométeme esto:"
"Obljubi mi tole:"
"Si tu hija se niega a morir por ti, deberás regresar dentro de tres meses"
"če tvoja hči noče umreti zate, se moraš vrniti v treh mesecih"
El comerciante no tenía intenciones de sacrificar a sus hijas.
trgovec ni imel namena žrtvovati svojih hčera
Pero, como le habían dado tiempo, quiso volver a ver a sus

hijas.
a ker je imel čas, je želel še enkrat videti svoje hčere
Así que prometió que volvería.
zato je obljubil, da se bo vrnil
Y la bestia le dijo que podía partir cuando quisiera.
in zver mu je rekla, da se lahko odpravi, ko hoče
y la bestia le dijo una cosa más
in zver mu je povedala še eno stvar
"No te irás con las manos vacías"
"ne boš odšel praznih rok"
"Vuelve a la habitación donde yacías"
"pojdi nazaj v sobo, kjer si ležal"
"Verás un gran cofre del tesoro vacío"
"videl boš veliko prazno skrinjo z zakladom"
"Llena el cofre del tesoro con lo que más te guste"
"napolni skrinjo z zakladom, kar ti je najbolj všeč"
"y enviaré el cofre del tesoro a tu casa"
"in poslal vam bom skrinjo z zakladom na dom"
Y al mismo tiempo la bestia se retiró.
in hkrati se je zver umaknila
"Bueno", se dijo el buen hombre.
»No,« je rekel dobri mož sam pri sebi
"Si tengo que morir, al menos dejaré algo a mis hijos"
"če že moram umreti, bom vsaj nekaj pustil svojim otrokom"
Así que regresó al dormitorio.
zato se je vrnil v spalnico
y encontró una gran cantidad de piezas de oro
in našel je zelo veliko kosov zlata
Llenó el cofre del tesoro que la bestia había mencionado.
napolnil je zaklad, ki ga je omenila zver
y sacó su caballo del establo
in svojega konja je odpeljal iz hleva
La alegría que sintió al entrar al palacio ahora era igual al dolor que sintió al salir de él.
veselje, ki ga je čutil, ko je vstopil v palačo, je bilo zdaj enako žalosti, ki jo je čutil, ko je odhajal iz nje

El caballo tomó uno de los caminos del bosque.
konj je šel po eni od gozdnih cest
Y en pocas horas el buen hombre estaba en casa.
in čez nekaj ur je bil dobri mož doma
Sus hijos vinieron a él
njegovi otroci so prišli k njemu
Pero en lugar de recibir sus abrazos con placer, los miró.
ampak namesto da bi z užitkom sprejel njihove objeme, jih je pogledal
Levantó la rama que tenía en sus manos.
dvignil je vejo, ki jo je imel v rokah
y luego estalló en lágrimas
nato pa je planil v jok
"Belleza", dijo, "por favor toma estas rosas".
"lepotica," je rekel, "prosim, vzemi te vrtnice"
"No puedes saber lo costosas que han sido estas rosas"
"ne moreš vedeti, kako drage so bile te vrtnice"
"Estas rosas le han costado la vida a tu padre"
"te vrtnice so tvojega očeta stale življenje"
Y luego contó su fatal aventura.
in potem je povedal o svoji usodni dogodivščini
Inmediatamente las dos hermanas mayores gritaron.
takoj sta zavpili najstarejši sestri
y le dijeron muchas cosas malas a su hermosa hermana
in svoji lepi sestri sta povedala veliko zlobnih stvari
Pero Bella no lloró en absoluto.
lepota pa sploh ni jokala
"Mirad el orgullo de ese pequeño desgraciado", dijeron.
"Poglejte ponos tega malega bednika," so rekli
"ella no pidió ropa fina"
"ni zahtevala lepih oblačil"
"Ella debería haber hecho lo que hicimos"
"morala bi storiti, kar smo naredili mi"
"ella quería distinguirse"
"želela se je razlikovati"
"Así que ahora ella será la muerte de nuestro padre"

"torej bo zdaj ona smrt našega očeta"
"Y aún así no derrama ni una lágrima"
"in vendar ne potoči solze"
"¿Por qué debería llorar?" respondió Bella
"Zakaj bi jokal?" je odgovoril lepotec
"Llorar sería muy innecesario"
"jokanje bi bilo zelo nepotrebno"
"mi padre no sufrirá por mí"
"moj oče ne bo trpel zame"
"El monstruo aceptará a una de sus hijas"
"pošast bo sprejela eno od njegovih hčera"
"Me ofreceré a toda su furia"
"Ponudil se bom vsemu njegovemu besu"
"Estoy muy feliz, porque mi muerte salvará la vida de mi padre"
"Zelo sem vesel, ker bo moja smrt rešila očetovo življenje"
"mi muerte será una prueba de mi amor"
"moja smrt bo dokaz moje ljubezni"
-No, hermana -dijeron sus tres hermanos.
»Ne, sestra,« so rekli njeni trije bratje
"Eso no será"
"to ne bo"
"Iremos a buscar al monstruo"
"šel bova iskat pošast"
"y o lo matamos..."
"in ali ga bomo ubili ..."
"...o pereceremos en el intento"
"... ali pa bomo umrli v poskusu"
"No imaginéis tal cosa, hijos míos", dijo el mercader.
»Ne predstavljajte si česa takega, sinovi moji,« je rekel trgovec
"El poder de la bestia es tan grande que no tengo esperanzas de que puedas vencerlo"
"moč zveri je tako velika, da nimam upanja, da bi ga lahko premagal"
"Estoy encantado con la amable y generosa oferta de Bella"
"Očarana sem nad prijazno in velikodušno ponudbo lepotice"

"pero no puedo aceptar su generosidad"
"vendar ne morem sprejeti njene velikodušnosti"
"Soy viejo y no me queda mucho tiempo de vida"
"Star sem in nimam dolgo časa živeti"
"Así que sólo puedo perder unos pocos años"
"tako da lahko izgubim samo nekaj let"
"Tiempo que lamento por vosotros, mis queridos hijos"
"čas, ki ga obžalujem za vas, moji dragi otroci"
"Pero padre", dijo Bella
"Ampak oče," je rekel lepotec
"No irás al palacio sin mí"
"ne greš v palačo brez mene"
"No puedes impedir que te siga"
"ne moreš mi preprečiti, da ti sledim"
Nada podría convencer a Bella de lo contrario.
nič ne more prepričati lepote drugače
Ella insistió en ir al bello palacio.
vztrajala je, da gre v lepo palačo
y sus hermanas estaban encantadas con su insistencia
in njene sestre so bile navdušene nad njenim vztrajanjem
El comerciante estaba preocupado ante la idea de perder a su hija.
Trgovec je bil zaskrbljen ob misli, da bo izgubil hčer
Estaba tan preocupado que se había olvidado del cofre lleno de oro.
bil je tako zaskrbljen, da je pozabil na skrinjo, polno zlata
Por la noche se retiró a descansar y cerró la puerta de su habitación.
ponoči se je umaknil k počitku in zaprl vrata svoje sobe
Entonces, para su gran asombro, encontró el tesoro junto a su cama.
nato pa je na svoje veliko začudenje našel zaklad ob postelji
Estaba decidido a no contárselo a sus hijos.
bil je odločen, da svojim otrokom ne bo povedal
Si lo supieran, hubieran querido regresar al pueblo.
če bi vedeli, bi se želeli vrniti v mesto

y estaba decidido a no abandonar el campo
in bil je odločen, da ne bo zapustil podeželja
Pero él confió a Bella el secreto.
lepoti pa je zaupal skrivnost
Ella le informó que dos caballeros habían llegado.
sporočila mu je, da sta prišla dva gospoda
y le hicieron propuestas a sus hermanas
in so predlagali njenim sestram
Ella le rogó a su padre que consintiera su matrimonio.
rotila je očeta, naj privoli v njuno poroko
y ella le pidió que les diera algo de su fortuna
in prosila ga je, naj jim da nekaj svojega bogastva
Ella ya los había perdonado.
jim je že odpustila
Las malvadas criaturas se frotaron los ojos con cebollas.
hudobna bitja so si drgnila oči s čebulo
Para forzar algunas lágrimas cuando se separaron de su hermana.
izsiliti solze ob razhodu s sestro
Pero sus hermanos realmente estaban preocupados.
toda njeni bratje so bili res zaskrbljeni
Bella fue la única que no derramó ninguna lágrima.
lepota je bila edina, ki ni potočila nobene solze
Ella no quería aumentar su malestar.
ni želela povečati njihovega nelagodja
El caballo tomó el camino directo al palacio.
konj je vzel direktno cesto do palače
y hacia la tarde vieron el palacio iluminado
in proti večeru so zagledali razsvetljeno palačo
El caballo volvió a entrar solo en el establo.
konj se je spet odpeljal v hlev
Y el buen hombre y su hija entraron en el gran salón.
in dobri mož in njegova hči sta šla v veliko dvorano
Aquí encontraron una mesa espléndidamente servida.
tukaj so našli čudovito postreženo mizo
El comerciante no tenía apetito para comer

trgovec ni imel apetita za jesti
Pero Bella se esforzó por parecer alegre.
toda lepotica se je trudila videti vesela
Ella se sentó a la mesa y ayudó a su padre.
sedla je za mizo in pomagala očetu
Pero también pensó para sí misma:
pa si je tudi mislila:
"La bestia seguramente quiere engordarme antes de comerme"
"zver me hoče zrediti preden me poje"
"Por eso ofrece tanto entretenimiento"
"zato zagotavlja tako obilno zabavo"
Después de haber comido oyeron un gran ruido.
ko so jedli, so zaslišali velik hrup
Y el comerciante se despidió de su desdichado hijo con lágrimas en los ojos.
in trgovec se je s solzami v očeh poslovil od svojega nesrečnega otroka
Porque sabía que la bestia venía
ker je vedel, da prihaja zver
Bella estaba aterrorizada por su horrible forma.
lepotica je bila prestrašena nad njegovo grozljivo obliko
Pero ella tomó coraje lo mejor que pudo.
vendar se je opogumila, kolikor se je dalo
Y el monstruo le preguntó si venía voluntariamente.
in pošast jo je vprašala, če je prišla rada
-Sí, he venido voluntariamente -dijo temblando.
»ja, prišla sem z veseljem,« je rekla trepetajoč
La bestia respondió: "Eres muy bueno"
zver je odgovorila: "Zelo si dober"
"Y te lo agradezco mucho, hombre honesto"
"in zelo sem vam hvaležen; pošten človek"
"Continuad vuestro camino mañana por la mañana"
"pojdi jutri zjutraj"
"Pero nunca pienses en venir aquí otra vez"
"ampak nikoli več ne pomisli, da bi prišel sem"

"Adiós bella, adiós bestia", respondió.
"Adijo lepotica, zbogom zver," je odgovoril
Y de inmediato el monstruo se retiró.
in takoj se je pošast umaknila
"Oh, hija", dijo el comerciante.
"Oh, hči," je rekel trgovec
y abrazó a su hija una vez más
in še enkrat je objel hčer
"Estoy casi muerto de miedo"
"Skoraj sem na smrt prestrašen"
"Créeme, será mejor que regreses"
"verjemi mi, bolje, da greš nazaj"
"déjame quedarme aquí, en tu lugar"
"naj ostanem tukaj, namesto tebe"
—No, padre —dijo Bella con tono decidido.
"Ne, oče," je rekel lepotec z odločnim tonom
"Partirás mañana por la mañana"
"na pot se odpraviš jutri zjutraj"
"déjame al cuidado y protección de la providencia"
"prepusti me skrbi in varstvu previdnosti"
Aún así se fueron a la cama
kljub temu sta šla spat
Pensaron que no cerrarían los ojos en toda la noche.
mislili so, da vso noč ne bodo zatisnili očesa
pero justo cuando se acostaron se durmieron
ampak ravno ko so se ulegli, so spali
Bella soñó que una bella dama se acercó y le dijo:
Lepotica je sanjala, da je prišla dobra gospa in ji rekla:
"Estoy contento, bella, con tu buena voluntad"
"Zadovoljen sem, lepotica, s tvojo dobro voljo"
"Esta buena acción tuya no quedará sin recompensa"
"to tvoje dobro dejanje ne bo ostalo nenagrajeno"
Bella se despertó y le contó a su padre su sueño.
lepotica se je zbudila in povedala očetu svoje sanje
El sueño ayudó a consolarlo un poco.
sanje so ga nekoliko potolažile

Pero no pudo evitar llorar amargamente mientras se marchaba.
vendar si ni mogel pomagati, da je bridko jokal, ko je odhajal
Tan pronto como se fue, Bella se sentó en el gran salón y lloró también.
takoj ko je odšel, je lepotica sedla v veliko dvorano in tudi jokala
Pero ella decidió no sentirse inquieta.
vendar se je odločila, da ne bo nelagodna
Ella decidió ser fuerte por el poco tiempo que le quedaba de vida.
odločila se je, da bo močna za malo časa, ki ji je ostal
Porque creía firmemente que la bestia la comería.
ker je trdno verjela, da jo bo zver požrla
Sin embargo, pensó que también podría explorar el palacio.
vseeno pa je pomislila, da bi prav tako lahko raziskala palačo
y ella quería ver el hermoso castillo
in si je želela ogledati lepi grad
Un castillo que no pudo evitar admirar.
grad, ki si ga ni mogla pomagati občudovati
Era un palacio deliciosamente agradable.
bila je čudovito prijetna palača
y ella se sorprendió muchísimo al ver una puerta
in bila je zelo presenečena, ko je zagledala vrata
Y sobre la puerta estaba escrito que era su habitación.
in nad vrati je pisalo, da je to njena soba
Ella abrió la puerta apresuradamente
naglo je odprla vrata
y ella quedó completamente deslumbrada con la magnificencia de la habitación.
in bila je čisto zaslepljena nad veličastnostjo sobe
Lo que más le llamó la atención fue una gran biblioteca.
kar je pritegnilo njeno pozornost predvsem velika knjižnica
Un clavicémbalo y varios libros de música.
čembalo in več notnih knjig
"Bueno", se dijo a sí misma.

»No,« je rekla sama pri sebi
"Veo que la bestia no dejará que mi tiempo cuelgue pesadamente"
"Vidim, da zver ne bo pustila, da bi moj čas obležal"
Entonces reflexionó sobre su situación.
potem je pri sebi razmišljala o svoji situaciji
"Si me hubiera quedado un día, todo esto no estaría aquí"
"Če bi mi bilo namenjeno ostati en dan, vsega tega ne bi bilo tukaj"
Esta consideración le inspiró nuevo coraje.
ta premislek ji je dal nov pogum
y tomó un libro de su nueva biblioteca
in vzela je knjigo iz svoje nove knjižnice
y leyó estas palabras en letras doradas:
in prebrala je te besede z zlatimi črkami:
"Bienvenida Bella, destierra el miedo"
"Dobrodošla lepotica, preženi strah"
"Eres reina y señora aquí"
"Tu si kraljica in gospodarica"
"Di tus deseos, di tu voluntad"
"Povej svoje želje, povej svojo voljo"
"Aquí la obediencia rápida cumple tus deseos"
"Swift obedience tukaj izpolnjuje vaše želje"
"¡Ay!", dijo ella con un suspiro.
"Ojej," je rekla z vzdihom
"Lo que más deseo es ver a mi pobre padre"
"Najbolj od vsega si želim videti svojega ubogega očeta"
"y me gustaría saber qué está haciendo"
"in rad bi vedel, kaj počne"
Tan pronto como dijo esto se dio cuenta del espejo.
Takoj, ko je to rekla, je opazila ogledalo
Para su gran asombro, vio su propia casa en el espejo.
na svoje veliko začudenje je v ogledalu zagledala svoj dom
Su padre llegó emocionalmente agotado.
njen oče je prišel čustveno izčrpan
Sus hermanas fueron a recibirlo

njene sestre so mu šle nasproti
A pesar de sus intentos de parecer tristes, su alegría era visible.
kljub njihovim poskusom, da bi bili videti žalostni, je bilo njihovo veselje vidno
Un momento después todo desapareció
trenutek kasneje je vse izginilo
Y las aprensiones de Bella también desaparecieron.
in tudi lepotni strahovi so izginili
porque sabía que podía confiar en la bestia
saj je vedela, da lahko zaupa zveri
Al mediodía encontró la cena lista.
Opoldne je našla večerjo pripravljeno
Ella se sentó a la mesa
sama je sedla za mizo
y se entretuvo con un concierto de música
in jo zabavali s koncertom glasbe
Aunque no podía ver a nadie
čeprav ni videla nikogar
Por la noche se sentó a cenar otra vez
ponoči je spet sedla k večerji
Esta vez escuchó el ruido que hizo la bestia.
tokrat je slišala hrup, ki ga je povzročila zver
y ella no pudo evitar estar aterrorizada
in ni si mogla pomagati, da bi bila prestrašena
"belleza", dijo el monstruo
"lepotica," je rekla pošast
"¿Me permites comer contigo?"
"mi dovolite jesti s tabo?"
"Haz lo que quieras", respondió Bella temblando.
"stori, kakor hočeš," je drhteče odgovorila lepotica
"No", respondió la bestia.
"Ne," je odgovorila zver
"Sólo tú eres la señora aquí"
"samo ti si tukaj gospodarica"
"Puedes despedirme si soy problemático"

"lahko me pošlješ stran, če sem težaven"
"Despídeme y me retiraré inmediatamente"
"pošlji me stran in takoj se umaknem"
-Pero dime, ¿no te parece que soy muy fea?
"Ampak, povej mi; ali ne misliš, da sem zelo grda?"
"Eso es verdad", dijo Bella.
"To je res," je rekel lepotec
"No puedo decir una mentira"
"Ne morem lagati"
"Pero creo que tienes muy buen carácter"
"ampak verjamem, da si zelo dobre volje"
"Sí, lo soy", dijo el monstruo.
"Res sem," je rekla pošast
"Pero aparte de mi fealdad, tampoco tengo sentido"
"Ampak razen svoje grdote tudi nimam razuma"
"Sé muy bien que soy una criatura tonta"
"Dobro vem, da sem neumno bitje"
—**No es ninguna locura pensar así** —replicó Bella.
"Ni znak neumnosti, če tako misliš," je odgovorila lepotica
"Come entonces, bella", dijo el monstruo.
"Potem jej, lepotec," je rekla pošast
"Intenta divertirte en tu palacio"
"poskusi se zabavati v svoji palači"
"Todo aquí es tuyo"
"vse tukaj je tvoje"
"Y me sentiría muy incómodo si no fueras feliz"
"in bilo bi mi zelo neprijetno, če ne bi bil srečen"
-Eres muy servicial -respondió Bella.
"Zelo ste ustrežljivi," je odgovorila lepotica
"Admito que estoy complacido con su amabilidad"
"Priznam, da sem vesel vaše prijaznosti"
"Y cuando considero tu bondad, apenas noto tus deformidades"
"in ko pomislim na vašo prijaznost, komaj opazim vaše deformacije"
"Sí, sí", dijo la bestia, "mi corazón es bueno".

»Da, da,« je rekla zver, »moje srce je dobro
"Pero aunque soy bueno, sigo siendo un monstruo"
"toda čeprav sem dober, sem še vedno pošast"
"Hay muchos hombres que merecen ese nombre más que tú"
"Veliko moških si zasluži to ime bolj kot ti"
"Y te prefiero tal como eres"
"in te imam raje takšnega kot si"
"y te prefiero más que a aquellos que esconden un corazón ingrato"
"in te imam raje kot tiste, ki skrivajo nehvaležno srce"
"Si tuviera algo de sentido común", respondió la bestia.
"Ko bi le imel malo pameti," je odgovorila zver
"Si tuviera sentido común, te haría un buen cumplido para agradecerte"
"Če bi bil pameten, bi naredil dober kompliment v zahvalo"
"Pero soy tan aburrida"
"ampak sem tako dolgočasen"
"Sólo puedo decir que le estoy muy agradecido"
"Lahko samo rečem, da sem vam zelo hvaležen"
Bella comió una cena abundante
lepotica je pojedla obilno večerjo
y ella casi había superado su miedo al monstruo
in skoraj je premagala svoj strah pred pošastjo
Pero ella quería desmayarse cuando la bestia le hizo la siguiente pregunta.
vendar je hotela omedleti, ko ji je zver zastavila naslednje vprašanje
"Belleza, ¿quieres ser mi esposa?"
"lepotica, boš moja žena?"
Ella tardó un tiempo antes de poder responder.
vzela je nekaj časa, preden je lahko odgovorila
Porque tenía miedo de hacerlo enojar
ker se je bala, da bi ga razjezila
Al final, sin embargo, dijo: "No, bestia".
na koncu pa je rekla "ne, zver"
Inmediatamente el pobre monstruo silbó muy

espantosamente.
takoj je uboga pošast zelo strašno siknila
y todo el palacio hizo eco
in vsa palača je odmevala
Pero Bella pronto se recuperó de su susto.
toda lepotica si je kmalu opomogla od strahu
porque la bestia volvió a hablar con voz triste
ker je zver spet spregovorila z žalostnim glasom
"Entonces adiós, belleza"
"potem pa zbogom, lepotica"
y sólo se volvía de vez en cuando
in le tu in tam se je obrnil nazaj
mirarla mientras salía
da bi jo pogledal, ko je šel ven
Ahora Bella estaba sola otra vez
zdaj je bila lepotica spet sama
Ella sintió mucha compasión
čutila je veliko sočutja
"Ay, es una lástima"
"Ojej, to je tisoč škoda"
"algo tan bueno no debería ser tan feo"
"vse, kar je tako dobre narave, ne bi smelo biti tako grdo"
Bella pasó tres meses muy contenta en palacio.
lepotica je preživela tri mesece zelo zadovoljna v palači
Todas las noches la bestia le hacía una visita.
vsak večer jo je zver obiskala
y hablaron durante la cena
in sta se pogovarjala med večerjo
Hablaban con sentido común
govorili so po zdravi pameti
Pero no hablaban con lo que la gente llama ingenio.
vendar niso govorili s tem, čemur ljudje pravijo duhovitost
Bella siempre descubre algún carácter valioso en la bestia.
lepota je v zveri vedno odkrila nekaj dragocenega značaja
y ella se había acostumbrado a su deformidad
in navadila se je na njegovo deformacijo

Ella ya no temía el momento de su visita.
ni se več bala časa njegovega obiska
Ahora a menudo miraba su reloj.
zdaj je pogosto pogledala na uro
y ella no podía esperar a que fueran las nueve en punto
in komaj je čakala, da bo ura devet
Porque la bestia nunca dejaba de venir a esa hora
ker zver nikoli ni zamudila prihoda ob tisti uri
Sólo había una cosa que preocupaba a Bella.
samo ena stvar je zadevala lepoto
Todas las noches antes de irse a dormir la bestia le hacía la misma pregunta.
vsak večer, preden je šla spat, jo je zver vprašala isto vprašanje
El monstruo le preguntó si sería su esposa.
pošast jo je vprašala, ali bi bila njegova žena
Un día ella le dijo: "bestia, me pones muy nerviosa"
Nekega dne mu je rekla: "Zver, zelo mi povzročaš nelagodje"
"Me gustaría poder consentir en casarme contigo"
"Želim si, da bi se lahko poročil s teboj"
"Pero soy demasiado sincero para hacerte creer que me casaría contigo"
"ampak sem preveč iskren, da bi te prepričal, da bi se poročil s tabo"
"nuestro matrimonio nunca se realizará"
"najin zakon se ne bo nikoli zgodil"
"Siempre te veré como un amigo"
"Vedno te bom videl kot prijatelja"
"Por favor, trate de estar satisfecho con esto"
"prosim, poskusite biti zadovoljni s tem"
"Debo estar satisfecho con esto", dijo la bestia.
»S tem moram biti zadovoljen,« je rekla zver
"Conozco mi propia desgracia"
"Poznam svojo nesrečo"
"pero te amo con el más tierno cariño"
"vendar te ljubim z najnežnejšo naklonjenostjo"
"Sin embargo, debo considerarme feliz"

"Vendar bi se moral imeti za srečnega"
"Y me alegraría que te quedaras aquí"
"in moral bi biti vesel, da boš ostal tukaj"
"Prométeme que nunca me dejarás"
"obljubi mi, da me nikoli ne boš zapustil"
Bella se sonrojó ante estas palabras.
lepota je ob teh besedah zardela
Un día Bella se estaba mirando en el espejo.
nekega dne se je lepotica gledala v svoje ogledalo
Su padre se había preocupado muchísimo por ella.
njen oče je skrbel zanjo
Ella anhelaba verlo de nuevo más que nunca.
hrepenela je po tem, da bi ga spet videla bolj kot kdaj prej
"Podría prometerte que nunca te abandonaré por completo"
"Lahko bi obljubil, da te ne bom nikoli povsem zapustil"
"Pero tengo un deseo tan grande de ver a mi padre"
"vendar imam tako veliko željo videti očeta"
"Me molestaría muchísimo si dijeras que no"
"Neverjetno bi bil razburjen, če bi rekel ne"
"Preferiría morir yo mismo", dijo el monstruo.
"Raje sem umrl," je rekla pošast
"Prefiero morir antes que hacerte sentir incómodo"
"Raje bi umrl, kot da bi ti povzročil nelagodje"
"Te enviaré con tu padre"
"Poslal te bom k očetu"
"permanecerás con él"
"ostal boš z njim"
"y esta desafortunada bestia morirá de pena en su lugar"
"in ta nesrečna zver bo namesto tega umrla od žalosti"
"No", dijo Bella, llorando.
"Ne," je rekla lepotica objokana
"Te amo demasiado para ser la causa de tu muerte"
"Preveč te ljubim, da bi bil vzrok tvoje smrti"
"Te doy mi promesa de regresar en una semana"
"Obljubim ti, da se vrnem čez teden dni"
"Me has demostrado que mis hermanas están casadas"

"Pokazali ste mi, da sta moji sestri poročeni"
"y mis hermanos se han ido al ejército"
"in moji bratje so šli v vojsko"
"déjame quedarme una semana con mi padre, ya que está solo"
"Naj ostanem en teden pri očetu, saj je sam"
"Estarás allí mañana por la mañana", dijo la bestia.
"Jutri zjutraj boš tam," je rekla zver
"pero recuerda tu promesa"
"ampak zapomni si svojo obljubo"
"Solo tienes que dejar tu anillo sobre una mesa antes de irte a dormir"
"Prstan moraš samo položiti na mizo, preden greš spat"
"Y luego serás traído de regreso antes de la mañana"
"in potem te bodo pripeljali nazaj pred jutrom"
"Adiós querida belleza", suspiró la bestia.
"Zbogom draga lepotica," je zavzdihnila zver
Bella se fue a la cama muy triste esa noche.
lepotica je šla tisto noč zelo žalostna spat
Porque no quería ver a la bestia tan preocupada.
ker ni hotela videti zveri tako zaskrbljena
A la mañana siguiente se encontró en la casa de su padre.
naslednje jutro se je znašla na očetovem domu
Ella hizo sonar una campanita junto a su cama.
pozvonila je z zvončkom ob postelji
y la criada dio un grito fuerte
in služkinja je glasno zavpila
y su padre corrió escaleras arriba
in njen oče je tekel gor
Él pensó que iba a morir de alegría.
mislil je, da bo umrl od veselja
La sostuvo en sus brazos durante un cuarto de hora.
četrt ure jo je držal v naročju
Finalmente los primeros saludos terminaron.
končno je bilo prvih pozdravov konec
Bella empezó a pensar en levantarse de la cama.

lepotica je začela razmišljati, da bi vstala iz postelje
pero se dio cuenta de que no había traído ropa
vendar je ugotovila, da ni prinesla oblačil
pero la criada le dijo que había encontrado una caja
vendar ji je služkinja povedala, da je našla škatlo
El gran baúl estaba lleno de vestidos y batas.
velik zaboj je bil poln halj in oblek
Cada vestido estaba cubierto de oro y diamantes.
vsaka obleka je bila prekrita z zlatom in diamanti
Bella agradeció a la Bestia por su amable atención.
lepotica se je zveri zahvalila za njegovo prijazno nego
y tomó uno de los vestidos más sencillos
in vzela je eno najpreprostejših oblek
Ella tenía la intención de regalar los otros vestidos a sus hermanas.
druge obleke je nameravala dati svojim sestram
Pero ante ese pensamiento el arcón de ropa desapareció.
a ob tej misli je skrinja z obleko izginila
La bestia había insistido en que la ropa era solo para ella.
zver je vztrajala, da so oblačila samo zanjo
Su padre le dijo que ese era el caso.
oče ji je rekel, da je tako
Y enseguida volvió el baúl de la ropa.
in takoj se je prtljažnik z oblačili spet vrnil
Bella se vistió con su ropa nueva
lepotica se je oblekla v svoja nova oblačila
Y mientras tanto las doncellas fueron a buscar a sus hermanas.
medtem pa so služkinje odšle iskat njene sestre
Ambas hermanas estaban con sus maridos.
obe njeni sestri sta bili s svojima možema
Pero sus dos hermanas estaban muy infelices.
toda obe njeni sestri sta bili zelo nesrečni
Su hermana mayor se había casado con un caballero muy guapo.
njena najstarejša sestra se je poročila z zelo čednim gospodom

Pero estaba tan enamorado de sí mismo que descuidó a su esposa.
vendar je bil sam sebi tako všeč, da je zanemarjal ženo
Su segunda hermana se había casado con un hombre ingenioso.
njena druga sestra se je poročila z duhovitim moškim
Pero usó su ingenio para atormentar a la gente.
vendar je s svojo duhovitostjo mučil ljudi
Y atormentaba a su esposa sobre todo.
najbolj pa je mučil svojo ženo
Las hermanas de Bella la vieron vestida como una princesa
lepotičine sestre so jo videle oblečeno kot princesa
y se enfermaron de envidia
in zboleli so od zavisti
Ahora estaba más bella que nunca
zdaj je bila lepša kot kdajkoli
Su comportamiento cariñoso no pudo sofocar sus celos.
njeno ljubeče vedenje ni moglo zadušiti njihovega ljubosumja
Ella les contó lo feliz que estaba con la bestia.
povedala jim je, kako srečna je z zverjo
y sus celos estaban a punto de estallar
in njihovo ljubosumje je bilo pripravljeno, da poči
Bajaron al jardín a llorar su desgracia.
Spustili so se na vrt, da bi jokali o svoji nesreči
"¿En qué sentido esta pequeña criatura es mejor que nosotros?"
"V čem je to malo bitje boljše od nas?"
"¿Por qué debería estar mucho más feliz?"
"Zakaj bi morala biti toliko bolj srečna?"
"Hermana", dijo la hermana mayor.
»Sestra,« je rekla starejša sestra
"Un pensamiento acaba de golpear mi mente"
"pravkar mi je padla misel"
"Intentemos mantenerla aquí más de una semana"
"poskušajmo jo obdržati tukaj več kot en teden"
"Quizás esto enfurezca al tonto monstruo"

"morda bo to razjezilo neumno pošast"
"porque ella hubiera faltado a su palabra"
"ker bi prelomila besedo"
"y entonces podría devorarla"
"in potem bi jo lahko požrl"
"Esa es una gran idea", respondió la otra hermana.
"to je odlična ideja," je odgovorila druga sestra
"Debemos mostrarle la mayor amabilidad posible"
"izkazati ji moramo čim več prijaznosti"
Las hermanas tomaron esta resolución
sestre so se odločile za to
y se comportaron con mucho cariño con su hermana
in do svoje sestre so se obnašali zelo ljubeče
La pobre belleza lloró de alegría por toda su bondad.
uboga lepotica je jokala od veselja zaradi vse njihove dobrote
Cuando la semana se cumplió, lloraron y se arrancaron el pelo.
ko se je teden iztekel, so jokali in si trgali lase
Parecían muy apenados por separarse de ella.
zdelo se jim je tako žal, da se ločijo od nje
y Bella prometió quedarse una semana más
in lepotica je obljubila, da bo ostala teden dni dlje
Mientras tanto, Bella no pudo evitar reflexionar sobre sí misma.
Medtem pa lepotica ni mogla pomagati razmišljanju o sebi
Ella se preocupaba por lo que le estaba haciendo a la pobre bestia.
skrbelo jo je, kaj počne ubogi zveri
Ella sabía que lo amaba sinceramente.
ve, da ga je iskreno ljubila
Y ella realmente anhelaba verlo otra vez.
in res si je želela, da bi ga spet videla
La décima noche también la pasó en casa de su padre.
tudi deseto noč je preživela pri očetu
Ella soñó que estaba en el jardín del palacio.
sanjala je, da je na vrtu palače

y soñó que veía a la bestia extendida sobre la hierba
in sanjalo se ji je, da je videla zver, razširjeno na travi
Parecía reprocharle con voz moribunda
zdelo se ji je očital z umirajočim glasom
y la acusó de ingratitud
in jo je obtožil nehvaležnosti
Bella se despertó de su sueño.
lepotica se je prebudila iz spanja
y ella estalló en lágrimas
in planila je v jok
"¿No soy muy malvado?"
"Ali nisem zelo hudoben?"
"¿No fue cruel de mi parte actuar tan cruelmente con la bestia?"
"Ali ni bilo kruto od mene, da sem ravnal tako neprijazno do zveri?"
"La bestia hizo todo lo posible para complacerme"
"zver je naredila vse, da bi mi ugodila"
-**¿Es culpa suya que sea tan feo?**
"Je on kriv, da je tako grd?"
¿Es culpa suya que tenga tan poco ingenio?
"Ali je on kriv, da ima tako malo pameti?"
"Él es amable y bueno, y eso es suficiente"
"Je prijazen in dober, in to zadostuje"
"¿Por qué me negué a casarme con él?"
"Zakaj sem zavrnila poroko z njim?"
"Debería estar feliz con el monstruo"
"Moral bi biti zadovoljen s pošastjo"
"Mira los maridos de mis hermanas"
"poglej moža mojih sester"
"ni el ingenio ni la belleza los hacen buenos"
"niti duhovitost, niti lepota jih ne naredi dobrih"
"Ninguno de sus maridos las hace felices"
"nobeden od mož jih ne osrečuje"
"pero virtud, dulzura de carácter y paciencia"
"ampak krepost, prijaznost in potrpežljivost"

"Estas cosas hacen feliz a una mujer"
"te stvari naredijo žensko srečno"
"y la bestia tiene todas estas valiosas cualidades"
"in zver ima vse te dragocene lastnosti"
"Es cierto; no siento la ternura del afecto por él"
"res je; ne čutim nežnosti naklonjenosti do njega"
"Pero encuentro que tengo la más alta gratitud por él"
"vendar se mi zdi, da sem mu najbolj hvaležen"
"y tengo por él la más alta estima"
"in jaz ga zelo cenim"
"y él es mi mejor amigo"
"in on je moj najboljši prijatelj"
"No lo haré miserable"
"Ne bom ga delala nesrečnega"
"Si fuera tan desagradecido nunca me lo perdonaría"
"Če bi bil tako nehvaležen, si ne bi nikoli odpustil"
Bella puso su anillo sobre la mesa.
lepotica je položila prstan na mizo
y ella se fue a la cama otra vez
in spet je šla spat
Apenas estaba en la cama cuando se quedó dormida.
komaj je bila v postelji, preden je zaspala
Ella se despertó de nuevo a la mañana siguiente.
naslednje jutro se je spet zbudila
Y ella estaba muy contenta de encontrarse en el palacio de la bestia.
in bila je presrečna, da se je znašla v palači zveri
Ella se puso uno de sus vestidos más bonitos para complacerlo.
oblekla je eno svojih najlepših oblek, da bi mu ugodila
y ella esperó pacientemente la tarde
in potrpežljivo je čakala na večer
llegó la hora deseada
je prišla želena ura
El reloj dio las nueve, pero ninguna bestia apareció
ura je odbila devet, vendar se ni pojavila nobena zver

Bella entonces temió haber sido la causa de su muerte.
lepotica se je takrat bala, da je bila vzrok njegove smrti
Ella corrió llorando por todo el palacio.
jokajoča je tekla po vsej palači
Después de haberlo buscado por todas partes, recordó su sueño.
potem ko ga je iskala povsod, se je spomnila svojih sanj
y ella corrió hacia el canal en el jardín
in stekla je do kanala na vrtu
Allí encontró a la pobre bestia tendida.
tam je našla ubogo zver raztegnjeno
y estaba segura de que lo había matado
in bila je prepričana, da ga je ubila
Ella se arrojó sobre él sin ningún temor.
brez strahu se je vrgla nanj
Su corazón todavía latía
srce mu je še vedno utripalo
Ella fue a buscar un poco de agua al canal.
je prinesla nekaj vode iz kanala
y derramó el agua sobre su cabeza
in zlila mu je vodo na glavo
La bestia abrió los ojos y le habló a Bella.
zver je odprla oči in spregovorila lepotici
"Olvidaste tu promesa"
"Pozabil si na obljubo"
"Me rompió el corazón haberte perdido"
"Tako me je strlo srce, da sem te izgubil"
"Resolví morirme de hambre"
"Odločil sem se, da bom stradal"
"pero tengo la felicidad de verte una vez más"
"vendar imam srečo, da te še enkrat vidim"
"Así tengo el placer de morir satisfecho"
"torej imam veselje umreti zadovoljen"
"No, querida bestia", dijo Bella, "no debes morir".
"Ne, draga zver," je rekla lepotica, "ne smeš umreti"
"Vive para ser mi marido"

"Živi, da boš moj mož"
"Desde este momento te doy mi mano"
"od tega trenutka ti podajam roko"
"Y juro no ser nadie más que tuyo"
"in prisežem, da bom le tvoj"
"¡Ay! Creí que sólo tenía una amistad para ti"
"Ojej! Mislil sem, da imam zate samo prijateljstvo"
"Pero el dolor que ahora siento me convence;"
"toda žalost, ki jo zdaj čutim, me prepriča;"
"No puedo vivir sin ti"
"Ne morem živeti brez tebe"
Bella apenas había dicho estas palabras cuando vio una luz.
redka lepotica je izrekla te besede, ko je zagledala luč
El palacio brillaba con luz
palača se je iskrila od svetlobe
Los fuegos artificiales iluminaron el cielo
ognjemet je razsvetlil nebo
y el aire se llenó de música
in zrak poln glasbe
Todo daba aviso de algún gran acontecimiento
vse je kazalo na neki velik dogodek
Pero nada podía captar su atención.
a nič ni moglo zadržati njene pozornosti
Ella se volvió hacia su querida bestia.
se je obrnila k svoji dragi živali
La bestia por la que ella temblaba de miedo
zver, za katero je trepetala od strahu
¡Pero su sorpresa fue grande por lo que vio!
vendar je bilo njeno presenečenje nad tem, kar je videla, veliko!
La bestia había desaparecido
zver je izginila
En cambio, vio al príncipe más encantador.
namesto tega je videla najlepšega princa
Ella había puesto fin al hechizo.
končala je urok

Un hechizo bajo el cual se parecía a una bestia.
urok, pod katerim je bil podoben zveri
Este príncipe era digno de toda su atención.
ta princ je bil vreden vse njene pozornosti
Pero no pudo evitar preguntar dónde estaba la bestia.
vendar si ni mogla kaj, da ne bi vprašala, kje je zver
"Lo ves a tus pies", dijo el príncipe.
"Vidiš ga pri svojih nogah," je rekel princ
"Un hada malvada me había condenado"
"Hudobna vila me je obsodila"
"Debía permanecer en esa forma hasta que una hermosa princesa aceptara casarse conmigo"
"V taki formi sem moral ostati, dokler se lepa princesa ne bo strinjala, da se poroči z mano"
"El hada ocultó mi entendimiento"
"vila je skrila moje razumevanje"
"Fuiste el único lo suficientemente generoso como para quedar encantado con la bondad de mi temperamento"
"ti si bil edini dovolj radodaren, da te je očarala dobrota mojega temperamenta"
Bella quedó felizmente sorprendida
lepotica je bila veselo presenečena
Y le dio la mano al príncipe encantador.
in očarljivemu princu je podala roko
Entraron juntos al castillo
skupaj sta šla v grad
Y Bella se alegró mucho al encontrar a su padre en el castillo.
in lepotica je bila presrečna, ko je našla očeta v gradu
y toda su familia estaba allí también
in tudi njena cela družina je bila tam
Incluso Bella dama que apareció en su sueño estaba allí.
celo lepa dama, ki se je pojavila v njenih sanjah, je bila tam
"Belleza", dijo la dama del sueño.
"lepotica," je rekla gospa iz sanj
"ven y recibe tu recompensa"
"pridi in prejmi svojo nagrado"

"Has preferido la virtud al ingenio o la apariencia"
"daš prednost vrlini kot pameti ali videzu"
"Y tú mereces a alguien en quien se unan estas cualidades"
"in zaslužiš si nekoga, v katerem so te lastnosti združene"
"vas a ser una gran reina"
"velika kraljica boš"
"Espero que el trono no disminuya vuestra virtud"
"Upam, da prestol ne bo zmanjšal vaše vrline"
Entonces el hada se volvió hacia las dos hermanas.
tedaj se je vila obrnila k obema sestrama
"He visto dentro de vuestros corazones"
"Videl sem v vaših srcih"
"Y sé toda la malicia que contienen vuestros corazones"
"in poznam vso zlobo v vaših srcih"
"Ustedes dos se convertirán en estatuas"
"vidva bosta postala kipa"
"pero mantendréis vuestras mentes"
"vendar boste ohranili svoje misli"
"estarás a las puertas del palacio de tu hermana"
"stal boš pred vrati palače svoje sestre"
"La felicidad de tu hermana será tu castigo"
"sreča tvoje sestre bo tvoja kazen"
"No podréis volver a vuestros antiguos estados"
"ne boš se mogel vrniti v prejšnja stanja"
"A menos que ambos admitan sus errores"
"razen če oba priznata svoje napake"
"Pero preveo que siempre permaneceréis como estatuas"
"ampak predvidevam, da boste vedno ostali kipi"
"El orgullo, la ira, la gula y la ociosidad a veces se vencen"
"Ponos, jeza, požrešnost in brezdelje so včasih premagani"
" pero la conversión de las mentes envidiosas y maliciosas son milagros"
" toda spreobrnitev zavistnih in zlonamernih umov so čudeži"
Inmediatamente el hada dio un golpe con su varita.
vila je takoj udarila s palico
Y en un momento todos los que estaban en el salón fueron

transportados.
in v trenutku so bili vsi, ki so bili v dvorani, prepeljani
Habían entrado en los dominios del príncipe.
odšli so v knežje oblasti
Los súbditos del príncipe lo recibieron con alegría.
knežji podložniki so ga sprejeli z veseljem
El sacerdote casó a Bella y la bestia
duhovnik je poročil lepotico in zver
y vivió con ella muchos años
in z njo je živel mnogo let
y su felicidad era completa
in njihova sreča je bila popolna
porque su felicidad estaba fundada en la virtud
ker je njihova sreča temeljila na kreposti

El fin
Konec

www.tranzlaty.com

www.ingramcontent.com/pod-product-compliance
Lightning Source LLC
Chambersburg PA
CBHW011555070526
44585CB00023B/2608